Laura E. Naumann

Der Kulturinfarkt – Vom Buch zum Diskurs

GRIN Verlag

Bibliografische Information der Deutschen Nationalbibliothek:

Die Deutsche Bibliothek verzeichnet diese Publikation in der Deutschen National-
bibliografie; detaillierte bibliografische Daten sind im Internet über http://dnb.d-
nb.de/ abrufbar.

Impressum:

Copyright © 2012 GRIN Verlag GmbH
Druck und Bindung: Books on Demand GmbH, Norderstedt Germany
ISBN: 978-3-656-33300-5

Dieses Buch bei GRIN:

http://www.grin.com/de/e-book/206257/der-kulturinfarkt-vom-buch-zum-diskurs

Philipps-Universität Marburg
FB 09 – Germanistik und Kunstwissenschaften
B.A. Kunst, Musik und Medien: Organisation und Vermittlung
SoSe 2012
Seminar: Musik und ihre Vermittlung

Der Kulturinfarkt – Vom Buch zum Diskurs

Inhaltsverzeichnis

Vorwort

Die vorliegende Hausarbeit entstand im Rahmen des Seminars *Musik und ihre Vermittlung*. Sie dient als Verschriftlichung meines Referats vom 10. Juli 2012. Thema des Referats war das diesjährig erschienene Buch *Kulturinfarkt – Von Allem zu viel und überall das Gleiche,* herausgegeben von den Autoren Dieter Haselbach, Armin Klein, Stephan Opitz und Pius Knüsel.

Ich dieser Hausarbeit werde ich zusätzlich in den Kapiteln 1 - 4 das Thema *Kulturinfarkt* näher erläutern und auf einzelne, ausgewählte Aspekte genauer eingehen, um sie exemplarisch hervorzuheben. Kapitel eins beschreibt, wie es dazu kam, dass sich die Kultur zu einer Selbstdefinition des Staates formte und welche Aufgaben für die Kultur damit verbunden sind. Das zweite Kapitel beinhaltet einige Gedanken zur Nachfrageorientierung und der damit verbundenen Probleme, bevor im dritten Kapitel die 'Probleme der Kultur', wie sie im Buch *Kulturinfarkt* aufkommen, erklärt werden. Anschließend folgen in Kapitel vier Lösungsvorschläge der *Kulturinfarkt*-Autoren. Auf einige werde ich eingehen, andere außer Acht lassen, da sie sonst den Rahmen dieser Hausarbeit sprengen werden. Im fünften Kapitel erläutere ich kurz die Biografien der Autoren und im sechsten Kapitel folgt ein Überblick auf Rezensionen und Kritiken, die nach Erscheinen des Buchs *Kulturinfarkt* in den Medien entstanden sind. In Kapitel sieben komme ich zu meinem persönlichen Fazit.

1.   Die Kultur-Entwicklung in Deutschland

In Deutschland entwickelte sich die Kulturpolitik als Teil der eigenen staatlichen Identität. Im Gegensatz zu anderen Nationen, wie Frankreich, das sich über ihre selbst ernannte *République* definiert, oder wie England, das häufig als Empire oder Commonwealth bezeichnet wird. Deutschland ist daneben der „Kulturstaat"[1]. Aus einer Selbstdefinitionsnot heraus ergaben sich damit verschiedene Aufgaben, die dieser Kulturstaat mit der Förderung der Kultur, zu erfüllen versucht. Darunter fallen folgende Schlagworte, die sich die Kultur zur Aufgabe gemacht hat: Vergangenheitsbewältigung, Einigung, Integration, Moralisierung,

---

1 Haselbach, Dieter / Klein, Armin / Opitz, Stephan / Pius, Knüsel: *Der Kulturinfarkt. Von Allem zu viel und überall das Gleiche. Eine Polemik über Kulturpolitik, Kulturstaat, Kultursubvention.* München 2012. S. 89.

„die Demokratisierung befördern, die Fremden integrieren, die Wirtlichkeit der Städte steigern, die geistige Einheit der Nation herstellen, die Neonazis vertreiben, den Frieden sichern, wirtschaftliches Wachstum generieren, sozialen Ausgleich schaffen"[2].

Der Staat sieht alles, was er selbst nicht kontrollieren kann, alles was er vielleicht kaputt gemacht hat, als die Aufgabe der Kultur:

„Kultur (…)würde dem sozialen Zusammenhalt dienen, der Versöhnung, der Integration von Immigranten, der Entwicklungshilfe, sei hilfreich für nationale Anliegen im internationalen wirtschaftlichen Konkurrenzkampf, für die nationale Selbstdarstellung im Ausland, und sie leiste, so die jüngste Erkenntnis, einen substanziellen Beitrag zum Bruttosozialprodukt"[3].

Eine Entwicklung, die sich heute in fast jedem Kulturinstitut findet, ist die *kulturelle Bildung*. Sie wird in Workshops gefördert und in etlichen Angeboten rund um die Kunst und die Musik vermittelt. Volkshochschulkurse und Studiengänge mit dem Zusatz *Vermittlung* sind in den letzten Jahren zahlreich angeboten worden und entstanden „Sofort wurden neue Berufsfelder geboren"[4]. Die hohe Nachfrage zeigt, wie wertvoll oder nötig eine kulturelle Förderung ist.
Auch ist das im Sinne des Staates, der sich nur weiterhin als Kulturstaat behaupten kann, wenn er seine Bürger ästhetisch erzieht[5].

Deutschland tut bislang, und tat viel zur Förderung der Kultur und zur Bestätigung der Selbstbeschreibung als Kulturstaat. Der Frankfurter Kulturdezernent Hilmar Hoffmann sprach dieses Thema schon in seinem 1984 erschienen Buch *Kultur für alle*[6] an und kritisierte damit zugleich. Mit *Kultur für alle* war ein Ausdruck geschaffen, der die Kulturpolitik noch bis heute präge. Er symbolisiert dabei auch den Hauptkritikpunkt der vier Kulturinfarkt-Autoren.

Die kulturelle Grundversorgung durch den Staat wurde nach dem zweiten Weltkrieg nach und nach erfüllt. Nach 1977 gab es einen massiven Ausbau (sozio-)kultureller Einrichtungen. Seitdem gibt es sechsmal mehr Volkshochschulen, siebenmal mehr öffentliche Bibliotheken und die Anzahl der Musikschulen hat sich um den Faktor Acht erhöht[7].

Durch diese enorme Förderung ergab sich eine stetige Präsenz von Kultur im Lebensalltag der Menschen. Heute ist die „Kunst […] den Ruf des verstaubten Lustkillers los. Sie steht allen zur

---

2 Kulturinfarkt. S. 11.
3 Ebenda. S. 118.
4 Ebenda. S. 111.
5 Ebenda. S. 25.
6 Hoffmann, Hilmar: *Kultur für alle – Perspektiven und Modelle.* Frankfurt 1984.
7 Vgl. Kulturinfarkt. S. 16.

Verfügung, zu anständigem Preis und in erreichbarer Nähe"[8].

Ein Erreichen *aller* Menschen einer Gesellschaft wurde vor allem durch die Entwicklung der Medien zu Massenmedien und durch die Massenproduktion zuerst im Buchdruck, dann im Radio, später im Fernsehen und seit den letzten Jahrzehnten im Internet, erreicht.

2.   Der Status Quo der Kulturpolitik

Eine staatliche „Förderung befreit die Kunst, der Markt versklavt sie"[9]. Das hat Adorno schon festgestellt und danach scheint sich die Kulturpolitik zu richten. Denn die Wirtschaft gilt allgemein „als System von Zwängen, das den Kreativen keine Freiheit lässt"[10]. Eine Förderung schafft Unabhängigkeit und kann die Kultur dann auch vor den Zwängen einer profitorientierten Wirtschaft beschützen.

> „Nur staatlich geförderte Kunst ist wirklich frei, sich kritisch zu äußern. Deshalb hat der
> Staat die Freiheit der Kunst in der Verfassung verankert.[11]"

Dadurch genießt die Kultur mehr Freiheiten, als etwas, dass nicht gefördert, nicht geschützt wird. Die Autoren des *Kulturinfarkts* setzten diese Freiheit der Kultur gleich mit einer „Freiheit von der Nachfrage"[12]. Doch ohne Nachfrage scheint es keinen Bedarf zu geben. Und was dann aber dennoch gefördert und angeboten wird, hat schlechte Karten.

Eine Nachfrage ist erfahrungsgemäß dort, wo es etwas Interessantes, Außergewöhnliches zu sehen und zu erleben gibt.

> „Wo alle hingehen, so die Regel der postmodernen Erlebnisgesellschaft, muss das
> Erlebnis nah sein. [...] Die angesammelte Energie von Hunderttausenden erzeugt eine
> Aura, von der man hofft, sie springe auf einen selbst über"[13].

Dabei fordern die Zuschauer immer stärkere Reize. Was auch ein Grund ist, warum die Themen Gewalt, Sex, Pornografie und Verstörung in den Medien als wichtige Träger von Informationen dienen. „Deshalb privilegiert die Kulturförderung das Exzentrische, das Originelle, das dezidiert Individuelle"[14]. Auch in der Kultur kann so Aufregen und Empörung erzeugt werden, was für die Rezeption des Inhaltes eines Theaterstücks, Kunstwerks oder Konzerts förderlich sein kann.

---

8 Kulturinfarkt. S. 108.
9 Ebenda. S. 135.
10 Ebenda. S. 136.
11 Ebenda. S. 69.
12 Ebenda. S. 136.
13 Ebenda. S. 72.
14 Ebenda. S. 34.

3. Die Probleme der Kultur

Im Folgenden werden die verschiedenen Probleme der Kultur und der Kulturpolitik in Form von Thesen aus dem Buch *Kulturinfarkt* aufgezählt und erläutert.

1. **„Im Jahr 2012 verfügen die öffentlichen Museen Deutschlands praktisch über keine Anschaffungsetats mehr. Auch die Personalkosten sind kaum gesichert"**[15]. Die geringen Einnahmen verschiedener Kulturinstitute resultieren, so die Autoren, aus einem Überangebot an Kultur. Die Nachfrage ist gedeckt und alle weiteren Angebote finden keine Rezipienten, was wiederum keine Einnahmen bedeutet.

2. **Trotz einer ausgeprägten Kulturlandschaft wird 'Deutsche Kultur' nicht international rezipiert.** Dies bezieht sich hauptsächlich auf Film- und Fernsehproduktionen. Internationale Produktionen, an denen Deutschland auch beteiligt ist, müssen auch ausgenommen werden. Im Bereich Musik und Kunst trifft diese These nicht zu. Womöglich sind aber die Informationen, wo und wann rezipiert wird, nur einem fachkundigen Interessenten bekannt. Die Massenmedien verbreiten die Erfolge deutscher Interpreten und Produktionen nicht.

3. **Die Kultur sollte eigentlich schichtübergreifend sein. Jedoch wird sie vom sogenannten Bildungsbürgertum bestimmt.** „Menschen mit höherem Abschluss stellen zwei Drittel bis drei Viertel der Kulturbesucher"[16]. Diese Behauptung wird im Buch nicht statistisch belegt. Zudem ist hier stark zu differenzieren: Eine Aufführung im Opernhaus wird von einem anderen Publikum bestimmt, als ein Rockkonzert in der Stadthalle. Beides zählt gleichermaßen zum Kulturinhalt.

4. **Die Kunst- und Kultureinrichtungen/-stiftungen sind zu staatsabhängig.** Sie richten ihre Produktion nicht nach der Nachfrage. Gefördert wird die Institution nicht direkt die Produktion von Kunst. Dadurch entsteht ein Paradox: Die öffentliche Nachfrage geht zurück, da das Angebot zu groß ist, oder da die Produktion schlichtweg kein Publikum findet. Dabei steigen aber aufgrund der schlechten Wirtschaft die Produktionskosten. Daraus resultieren schlechte Löhne für freie Schauspieler, Sänger, Tänzer (da sie oft je nach Produktion angeworben werden) – deutlich bessere Tarife und Löhne aber für Musiker, Choristen und Bühnenarbeiter (da sie oft direkt bei der Einrichtung angestellt sind und so auch indirekt staatliche Fördergelder erhalten).

5. **Es gibt keine „transparente, systematische Personalentwicklung"**[17] **in der Kultur-politik.** Nicht zu durchschauen ist die Besetzung von Kulturämtern auf Bundes- und Landesebene.

---

15 Kulturinfarkt. S. 19.
16 Ebenda. S. 82.
17 Ebenda. S. 50.

Oft sind die ausgewählten Personen aus elitäreren Kreisen an andere politische Hierarchien gebunden, verfügen über wenig fachliche (kulturwissenschaftliche) Kompetenz und können keine freien Entscheidungen fällen.

> „Inzwischen sind Kulturabteilungen auch personelle Endlager für nach Landtagswahlen nicht mehr benötigte Parteichargen, persönliche Referenten, Ministerbüroleiter und Presseleute"[18].

6. **Die Kulturpolitik darf nicht selektieren. Alles ist gleichwertig, alles ist förderungswürdig.** Doch dort wo die Kulturpolitik fördert, greift sie in den Markt ein und selektiert[19]. Das geschieht schon mit der Unterscheidung zwischen ernster und unterhaltender Kultur (wobei Ersteres als höherwertig eingestuft wird): Die Kultur und die Unkultur.

> „Die amerikanisch geprägte Kulturindustrie, die Amateurkultur inklusive Folklore, die Unterhaltung, die Computerspiele, die sich selbst finanzierende Kunst, die Kunst der Migranten[20]".

7. **„Im allgemeinen Überangebot jedoch geht die Wertigkeit der einzelnen Produkte verloren"**[21]. Zuviel Angebot schafft eine Überreizung. Auch beim Publikum. Das Angebot wird nicht mehr wertgeschätzt, weil es ständig, überall und jederzeit verfügbar ist. Aus der 'Kultur für alle'[22]-Politik entstehen folglich Probleme wie: Beliebigkeit, Bedeutungslosigkeit, Qualitätsverlust[23]. „Die Auflösung der Maßstäbe führt zum Orientierungsverlust, es beginnt (…) die stille Herrschaft der Willkür"[24].

8. **Adorno schrieb „Der Feind der Kultur ist der Markt, weil er alles, sogar die Kultur zu Ware macht"**[25]. Die Kunst „operiert (…) jenseits wirtschaftlicher Logik"[26]. Sie kann sich nicht in einem wirtschaftlichen System entwickeln. Allerdings, so die Autoren, funktioniert eine solche *Kulturindustrie* in den USA und anderen Staaten. In Russland z.B. gibt es zwei parallele Systeme: Eine staatliche Förderung von traditioneller Kultur und eine Privatisierung von populärer Kultur.

> „Vorraussetzung, um im Markt erfolgreich agieren zu können, ist allerdings, dass der Markt nicht mit geförderten Institutionen übersetzt ist, die sich gegenseitig das Publikum abjagen und sich im Wettrennen um Förderung überbieten"[27].

9. **„Kulturförderung als Investition"**[28] **in die Zukunft des Landes.** Jedoch gibt es keine Untersuchungen, die einen Vorteil für die Wirtschaft belegen.

---

18 Kulturinfarkt. S. 50.
19 Vgl. Ebenda. S. 194.
20 Ebenda. S. 39.
21 Ebenda. S. 114.
22 Vgl. Ebenda. S. 131.
23 Vgl. Ebenda. S. 32.
24 Ebenda. S. 33.
25 Ebenda. S. 106.
26 Ebenda. S. 136.
27 Ebenda. S. 66.
28 Ebenda. S. 155.

4.   Ein Lösungsvorschlag der Autoren

Das neuerschienene Buch *Kulturinfarkt* skizziert für Deutschlands Kulturpolitik ein düsteres Bild. „Deutschlands Kulturbetrieb steht kurz vor dem Infarkt"[29]. Eine Verbesserung ist ohne Erneuerungen nicht in Aussicht. Somit versuchen sich die Autoren selbst an Lösungsvorschlägen zur Errettung der Kultur und ihrer Politik. Dabei benötigen Sie verschiedene Paradigmen, die den Menschen als Kulturkonsument ausweisen:

– **Eine Anerkennung des mündigen Bürgers muss in der Kulturpolitik entstehen.** Denn er hat die Wahlfreiheit, sich am kulturellen Leben zu beteiligen oder nicht.

– **Der Bürger rechnet selbst und ist rational.** Er ist fähig das System, indem er lebt für sich zu nutzen und auch nach seinem Willen zu optimieren. Der Staat sieht ihn aber eher als hilf- und förderungsbedürftiges Opfer.

– **Ermöglichung von Partizipation, Gleichberechtigung, statt Entscheidungen von einer kleinen Elite in der Kulturpolitik.** Der Bürger muss als „Produzent kultureller Inhalte"[30] angesehen und auch so behandelt werden.

– **Reduzierung der Infrastruktur.** „Keine weiteren Institutionen mehr, keine weiteren Preissenkungen, keinen Ausbau mehr"[31].

> „Vorraussetzung, um im Markt erfolgreich agieren zu können, ist allerdings, dass der Markt nicht mit geförderten Institutionen überbesetzt ist, die sich gegenseitig das Publikum abjagen und sich im Wettrennen um Förderung überbieten"[32].

Dadurch wird künstlich Verknappt und der Seltenheitswert eines Inhalts wieder eingeführt, was die Nachfrage und die Vielfalt steigern kann.

– **Keine Untersuchungen mehr darüber, was den Menschen an der Kulturrezeption hindert, sondern was ihn antreibt und motiviert.** Das Vergnügen wird seit jeher mit dem negativ besetzten Wort der *Unterhaltung* gleichgesetzt. Sie ist der Gegenspieler zur Kunst. Das soll überwunden werden.

> „Hier ankert die große Feindseligkeit zeitgenössischer Kunst gegen Emotionen. Sie kann Gefühle nur ironisch oder gebrochen darstellen, jede unmittelbare Darstellung gilt ihr als Kitsch"[33].

– **Konsens lähmt. Erst der Widerspruch fördert die Vielfalt.** Auf einen kreativen Umgang mit

---

29 Kulturinfarkt. S. 11.
30 Ebenda. S. 187.
31 Ebenda. S. 179.
32 Ebenda. S. 66.
33 Ebenda. S. 182.

der Kulturvermittlung und -präsentation sollte mehr Wert gelegt werden.

Diese Paradigmen sollen den Der *Kulturinfarkt* aufhalten und zu einer Eigenwirtschaftlichkeit der Institutionen, einer Eigeninitiative der Menschen und zu einer richtigen Nachfrageorientierung führen. Solche Grundsätze

> „zeichnen den Umriss einer künftigen Kulturpolitik. Einer Politik, die nicht mehr autoritär ist, nicht mehr Emanzipation (von der Vergangenheit, vom Kitsch, vom Kommerz) zur Hochkultur propagiert, sondern Raum für die bedingungslose kulturelle Entfaltung vielfältigster Gruppen und Schichten schafft"[34].

Dabei soll eine Auflösung des vorhandenen Gegensatzes von Kultur und Markt stattfinden.

> „Ein kluges Programm entwickelt sich an der Schnittstelle zwischen Nachfrage und künstlerischer Ambition. Doch je mehr Förderung, umso geringer das Gewicht der Nachfrage"[35].

5.   Über die Autoren

Zuletzt möchte ich kurz die Autoren vorstellen. Das erscheint mir wichtig, weil sich aus einer Biografie viel über die Herkunft von Ansichten und der persönlichen Intension lesen lässt. Ich beginne mit der Person, die meines Erachtens, aus ihrer Biografie heraus und ihren Leistungen nach, sich am ehesten legitimiert, die Kulturpolitik zu hinterfragen.

Dr. phil. **Armin Klein**[36] studierte Germanistik, Politikwissenschaft und Philosophie. Er war u.a. leitender Dramaturg am Theater am Turm in Frankfurt, Kulturreferent der Stadt Marburg und Professor für Kulturmanagement und Kulturwissenschaften am Institut für Kulturmanagement der Pädagogischen Hochschule Ludwigsburg. Klein veröffentlichte etliche Bücher zum Thema Kultur.

Als Autor im VS Verlag für Sozialwissenschaften, Wiesbaden:

Besucherbindung im Kulturbetrieb: Ein Handbuch. 2003. / Projektmanagement für Kulturmanager. 2004. / Der exzellente Kulturbetrieb. 2007. / Gesucht: Kulturmanager. 2009. / Kulturpolitik: Eine Einführung. 2009. / Leadership im Kulturbetrieb. 2009. / Taten.Drang.Kultur: Kulturmanagement in Deutschland 1990 – 2030. 2011. (Autoren waren hier u.a. auch Dieter Haselbach und Pius Knüsel vom *Kulturinfarkt*)

Als Autor in anderen Verlagen:

Der kommunale Kulturhaushalt. Instrument aktiver Kulturgestaltung. Deutscher

---

34 Kulturinfarkt. S. 191.
35 Ebenda. S. 140.
36 Vgl. Klein, Armin: *Taten.Drang.Kultur. Kulturmanagement in Deutschland 1990 – 2030.* Wiesbaden 2011. S. 344.

Gemeindeverlag 1995. / *Kulturmanagement von A - Z: 600 Begriffe für Studium und Praxis.* München 1996. / *Innovatives Kulturmarketing.* Baden-Baden 2002. / *Kulturmarketing: Das Marketingkonzept für Kulturbetriebe.* München 2011.

In seinen Büchern finden sich wesentliche Parallelen zur polemischen Bearbeitung des Themas im *Kulturinfarkt.*

Prof. Dr. **Stephan Opitz**[37] studierte Germanistik, Geschichte, Philosophie, Musikwissenschaft und Skandinavistik und lehrt derzeit an der Christian-Albrechts-Universität zu Kiel Kulturmanagement und Kulturwissenschaft. Er leitet das Referat für Kulturelle Grundsatzfragen im Ministerium für Justiz, Kultur und Europa des Landes Schleswig-Holstein. Neben weiteren Lehraufträgen in Hamburg, Oslo und Ludwigsburg veröffentlichte Opitz Publikationen in den Bereichen Kulturarbeit, Kulturverwaltung, Kulturmanagement, Sprachwissenschaft, Literaturwissenschaft, Literaturvermittlung, Buchkritiken.

Apl. Prof. Dr. phil. **Dieter Haselbach**[38] studiert Soziologie, Philosophie, Politikwissenschaften und Europäische Ethnologie und ist derzeit Geschäftsführer der ICG culturplan und des Zentrums für Kulturforschung. Neben einem Lehrauftrag in British Columbia, Kanada, veröffentlichte er den Kulturwirtschaftsbericht Düsseldorf 2010, Niedersachsens 2007 und ein Gutachten für die Enquetekommission Kultur des Bundestags 2006 und verschiedene Bücher zu den Themen Politik- und Sozialwissenschaften.
Zu bemerken ist an dieser Stelle, dass Herr Haselbach sich zwar mit einem Professorentitel schmückt, der Kontakt zu Philipps-Universität Marburg[39] jedoch schon lange nicht mehr suchte.

Lic. Phil. **Pius Knüsl**[40] studierte Germanistik, Philosophie und Literaturkritik, arbeitet als freier Journalist und ist Mitbegründer der Schweizer Wochenzeitung *Die Region.* Er war Kulturredaktor und Nachrichtenjournalist beim Schweizer Fernsehen, Programmleiter des Jazz Clubs MOODS in Zürich und Mitglied des Direktoriums des Europe Jazz Networks, war Programmchef des Jazznojazz-Festivals in Zürich, Leiter des Kultursponsorings der Credit Suisse Bank und Direktor der Schweizer Kulturstiftung Pro Helvetia.

---

37 Christian-Albrechts-Universität Kiel. http://www.ndl-medien.uni-kiel.de/personal/professoren/stephan_opitz
38 Vgl. Klein. 2011. S. 343.
39 Vgl. Kerstin Decker, Kommentar, taz. tageszeitung, 21.03.2012, HANDARBEIT, LIEB UND TEUER „Haselbach hat hier einst ein paar Seminare angeboten, aber der Kontakt ist längst abgerissen". http://www.taz.de/!90038/
40 Vgl. Klein 2011. S. 345.

6.   Der Diskurs zum Buch

Die Beschäftigung mit der Kulturvermittlung und die Kritik an der Kulturpolitik sind nichts Neues. Doch haben etliche Kritiker das Buch *Kulturinfarkt* verbal regelrecht zerrissen. Besonders der *Deutsche Kulturrat*, bzw. sein Geschäftsführer Olaf Zimmermann, sowie auch der *Deutsche Musikrat*. Zeitungen wie die *ZEIT*, die *Süddeutschen Zeitung*[41], die *Frankfurter Rundschau* und *Die Welt Online / Die Welt kompakt* stehen ebenfalls auf der Seite der scharfen Kritiker. *Der Spiegel* dessen Abdruck eines ersten Ausschnitts aus dem *Kulturinfarkt* der Auslöser für die beginnende Debatte war, hält sich auch nicht zurück mit Kritiken und Negativkommentaren.

Die *Frankfurter Rundschau* und das *Deutschlandradio Kultur* ließen beide den Mitautor Stephan Opitz zu Wort kommen und sich rechtfertigen. *DIE ZEIT* und – in besonderem Maße – die *taz* verteidigen das Buch und seine Thesen hingegen, als auch die Intension der Autoren. Sie sehen in dem Anstoß der Debatte eine Chance für eine Weiterentwicklung der Kultur.

Der *Deutsche Kulturrat* in einer Meldung vom 22.03.2012[42]:

SORRY, KULTURINFARKTAUTOREN WOLLEN DOCH NUR DIE HÄLFTE DER
KULTUR-EINRICHTUNGEN SCHLIESSEN – **Deutscher Kulturrat gibt Unterlassungserklärung ab**

„Berlin. Der Deutsche Kulturrat, der Spitzenverband der Bundeskulturverbände, hat heute die von den Anwälten der Autoren (…) geforderte **Unterlassungserklärung** abgegeben.
Wir hatten in unserer Stellungnahme zu dem Spiegel-Artikel "Die Hälfte?" behauptet, die Autoren forderten 50% weniger für die Kultur. Diese Behauptung dürfen und werden wir nicht mehr aufstellen, denn in Wahrheit wollen die Autoren **nicht den Kulturetat um 50% kürzen**, sondern **jede zweite mit öffentlichen Mitteln finanzierte Kultureinrichtung** in Deutschland schließen.
Der Geschäftsführer des Deutschen Kulturrates, **Olaf Zimmermann**, führt dazu aus: "Die Autoren lassen in dem Anwaltsschreiben betonen, dass ihnen 'an einer öffentlich und intensiv geführten Debatte gelegen ist.' Statt die Debatte zu suchen, gehen sie gegen eine zugegebenermaßen schiefe Äußerung mit gerichtlicher Drohung und strafbewehrter Unterlassung vor. Die Herren wollen ja nicht 50% des Kulturetats kürzen, sondern "nur" die Hälfte alle existierenden öffentlich finanzierten Kultureinrichtungen streichen. <u>Mit einer nicht zu überbietenden Naivität</u> glauben die Autoren, die durch diese Aktionen freiwerdenden Mittel in neue kulturelle Projekte investieren zu können. Die massive Überschuldung der Kommunen, der Länder und des Bundes sowie die grundgesetzlich verankerte Schuldenbremse würde ihnen einen Strich durch die Rechnung machen. <u>Der Himmel möge uns davor behüten, dass die Autoren je in die Lage kommen, ihre kruden Ideen in der Praxis zu erproben.</u>"

In einer weiteren Meldung vom 11.05.2012[43] formuliert Zimmermann seine Befürchtungen:

KULTURINFARKT ALS UNWORT DES JAHRES?

»Kulturinfarkt« entwickelt sich zum geflügelten Wort für alle, die Kulturabbau betreiben wollen

„Berlin. Sachlich unangemessene oder inhumane Formulierungen werden einmal im Jahr von einer unabhängigen Jury zum Unwort des Jahres gewählt. (…) Olaf Zimmermann, hat heute der Jury als Unwort

---

41 Vgl. Sueddeutsche Zeitung. http://www.sueddeutsche.de/thema/Kulturinfarkt
42 Der Deutsche Kulturrat. http://www.kulturrat.de/detail.php?detail=2263&rubrik=2
43 Ebenda. http://www.kulturrat.de/detail.php?detail=2296&rubrik=2

des Jahres 2012 das Wort »Kulturinfarkt« vorgeschlagen. "Es steht zu befürchten, dass die steilen Thesen der Autoren nicht folgenlos bleiben. Im Gegenteil, der Vorschlag, die Zahl der Kultureinrichtungen auf die Hälfte zu reduzieren, wird von Haushaltspolitikern, jetzt vermeintlich wissenschaftlich sanktioniert, wohl in Zukunft öfter zu hören sein."

Die bislang letzte Meldung zu diesem Thema erschien am 13.06.2012[44]:

Bundeskulturpolitik: Eine Therapie gegen den vermeintlichen KULTURINFARKT

„Berlin. Der Deutsche Kulturrat **dankt der Bundesregierung** und den **Mitgliedern des Haushalts-ausschusses** des Deutschen Bundestags, dass mit dem Nachtragshaushalt 2012 auch eine **erneute Anhebung des Kulturetats des Bundes** beschlossen wurde. Insgesamt sollen **25 Millionen Euro zusätzlich** für die **Kulturförderung des Bundes** zur Verfügung gestellt werden. (…)
Der Geschäftsführer des Deutschen Kulturrates, **Olaf Zimmermann**, sagte: "Ein probates Mittel gegen die Kulturuntergangsprophetie der Autoren des Buches »Der Kulturinfarkt« ist eine verlässliche Kulturpolitik."

Diese Meldungen zeigen, welchen erheblichen Einfluss das Buch Kulturinfarkt auf alle möglichen politischen Ebenen hatte. Auch der Deutsche Musikrat äußert sich schnell nach erscheinen des Buchauszugs im SPIEGEL-Artikel.

Deutscher Musikrat, Pressemitteilung Berlin, 13.03.2012,
FOR SALE: DROHT DEM KULTURLAND DEUTSCHLAND DER WINTERSCHLUSSVERKAUF?![45]

„Christian Höppner, Generalsekretär des Deutschen Musikrates: 'Gesellschaftspolitische Werte und Ziele sowie die daraus folgende Finanzierung öffentlicher Einrichtungen und Vorhaben in Frage zu stellen ist ein normaler demokratischer Vorgang. Ein halbwegs funktionierendes Ökosystem auf Grundlage von egoistischen Gewinnsteigerungsinteressen zerstören zu wollen ist pervers. Die Autoren des SPIEGEL-Artikels offenbaren nicht nur ihre dem Elfenbein geschuldete Unkenntnis über das Kulturland Deutschland, sondern vermischen – mindestens grob fahrlässig – wenige Fakten zu einem inkonsistenten Begründungsgebäude. Zu dieser verzerrten Darstellung der Sachlage gesellen sich viel Befindlichkeit und Glaubensbekenntnisse – ein Armutszeugnis für die Kulturwissenschaft in Deutschland. ‚Kultur für alle' ist ein zwingendes Ziel für eine Gesellschaft, die sich auf dem Weg zu einer Wissens- und Kreativgesellschaft befindet. Ohne die Chance auf kreative Freiräume und die Möglichkeit für den Einzelnen, sich künstlerisch auszudrücken und mitzuteilen, wird das Zusammenleben in unserer Gesellschaft nicht funktionieren.** Die Amerikanisierung unseres Kulturlebens, wie es die Autoren mit ihrer ausschließlichen Nachfrageorientiertheit einfordern, wäre das Aus für die Kulturelle Vielfalt in unserem Land. **Der gesellschaftliche Auftrag fordert die Balance zwischen Nachfrage wecken und Nachfrage decken.** Die Chance auf kulturelle Teilhabe muss insbesondere Kindern und Jugendlichen eröffnet werden, damit sie selbstbestimmt ihren künstlerisch-kulturellen Weg finden können. Im Gegensatz zu den wiederum nicht belegten Behauptungen der Autoren ist nicht nur ein fortlaufender Prozess der Selbsterneuerung der kulturellen Einrichtungen in Gange, sondern vor allem seit der Wende ein Raubbau kultureller Infrastruktur, der kulturelle Teilhabe bereits heute insbesondere im ländlichen Raum zur Fata Morgana werden lässt. 100.000 Schülerinnen und Schüler auf den Wartelisten der öffentlichen Musikschulen sind ein gesellschaftspolitischer Skandal."

DIE WELT stellt einen Tag später Stellungnahmen verschiedener Persönlichkeiten vor:

Welt Online, Die Welt kompakt, 14.03.12, DROHT UNS DER KULTURINFARKT?[46]

„Die Reaktionen des deutschen Kulturbetriebs sind vielfältig. **Monika Gütters**, die Leiterin des

---

44 Der Deutsche Kulturrat. http://www.kulturrat.de/detail.php?detail=2320&rubrik=2
45 Deutscher Musikrat. http://www.musikrat.de/globals/neuigkeiten-detailseite/article/for-sale-droht-dem-kulturland-deutschland-der-winterschlussverkauf.html
46 Welt Online. http://www.welt.de/print/welt_kompakt/kultur/article13920761/Droht-uns-der-Kulturinfarkt.html

Bundestagsausschusses für Kultur und Medien (CDU), distanzierte sich von den Thesen. Die Autoren reden von einem Kulturbegriff, der das Wort der Kultur als Produkt begreife und es marktgängig machen wolle, sagte sie im Deutschlandradio Kultur. In der Kulturförderpolitik folge man aber einem anderen Begriff. 'Unwissen und einen Mangel an kulturpolitischer Verantwortung' wirft der **Deutsche Bühnenverein** den Autoren vor.
Aus der Politik kommt teilweise Zustimmung zur Kürzungsforderung. 'Über viele Jahre hat sich eine Förderpraxis entwickelt, die in ihrem Ergebnis nicht immer schlüssig ist', meint der kulturpolitische Sprecher der SPD-Bundestagsfraktion, **Siegmund Ehrmann**. Allerdings sei eine pauschale Halbierung der Mittel 'plan- und konzeptlos'."

Ein Autor des SPIEGELs, André Schmitz, Staatssekretär für Kultur in Berlin, argumentiert mit deutscher Geschichte und der aus ihr erwachsenen Identifizierung mit der Kultur.

André Schmitz, DER SPIELGEL 12/2012, 19.03.2012, SCHLECHTE PATRIOTEN[47]

Deutschland braucht seine Theater, Opern und Museen - und zwar alle

„Der Vorwurf, dass heute Kulturpolitik ein subventioniertes Angebot offeriert, das am Bedarf vorbeigeht, mag sich in der einen oder anderen Theater- oder Opernvorstellung einstellen. In toto läuft dieses Argument jedoch absolut ins Leere. (…)
Abenteuerlich ist auch der Vorwurf, die Hochkultur kreise arrogant nur um sich selbst. Hier wird eine uralte Debatte aufgewärmt, die heute sogar die Rentner des Kulturbetriebs nicht mehr führen möchten: U gegen E, Hochkultur versus Soziokultur. Das sind Grabenkämpfe von vorgestern mit neoliberalen Argumenten von gestern.
Unser breitgefächertes, öffentlich gefördertes Kulturangebot, um das uns die ganze Welt beneidet, ist auch aus dem Bürgerstolz erwachsen. Es war stets ein kultureller Aufbruch, der dieses Land prägte - von der Reformation bis zur Moderne. Diese Geschichte hat Spuren hinterlassen - und auch Immobilien. Diese einfach zuzusperren wäre nicht nur geschichtslos, sondern würde auch Identität kosten."

Um hauptsächlich Inhaltliches geht es in dieser Buchrezension:

Oliver Reese, Buchrezension, Frankfurter Rundschau, 21.03.2012,

„DER KULTURINFARKT": KRUDE MISCHUNG, OBSZÖNE IDEEN[48]

„Dieses Buch ist eine krude Mischung aus so ziemlich allen kulturellen und künstlerischen Bereichen, die bei genauerem Hinsehen wenig bis nichts miteinander zu tun haben. Die selbsternannten Kulturbesserwisser **werfen alles in einen Topf** – dabei gelten für die prächtig ausgestattete Bayerische Staatsoper ganz andere Bedingungen als beispielsweise für das um sein Überleben kämpfende Theater Schwerin. (…) **Hier geht so viel durcheinander**, dass man andauernd 'Halt!' rufen möchte. Abgesehen von dem überproportional starken Schweizer Gewicht (der Teilautor Knüsel ist Schweizer) und der **falsch einsortierten Kultur** aus der DDR nach der Wiedervereinigung (die anderen drei Autoren sind westdeutsch geprägt und wohl nicht viel herumgekommen), wird munter zwischen den 60er-, 80er-Jahren und heute gesprungen."

In der ZEIT ONLINE werden prominente Personen zur Verteidigung der Kultur herangezogen, um der Debatte einen noch populäreren Wert zu geben.

ZEIT ONLINE, dpa, 02.04.2012, PROMINENTE KÜNSTLER VERTEIDIGEN KULTURFÖRDERUNG[49]

„Das Buch sei Ausdruck neoliberalen Denkens, demzufolge Kunst und Kultur dem Diktat der Quote folgen sollten. 'Gefragt ist Massentaugliches – alles andere erhält keine festen Förderzusagen mehr.' Statt Kultur für alle solle die Kultur offenbar wieder zu einem elitären Gut werden, kritisiert die **Akademie der Künste**. (…)

---

47 Schmitz. Der Spiegel. http://www.spiegel.de/spiegel/print/d-84430228.html
48 Reese. Frankfurter Rundschau. http://www.fr-online.de/kultur/buchrezension---der-kulturinfarkt---krude-mischung--obszoene-ideen,1472786,11938556.html
49 dpa. Die Zeit. http://www.zeit.de/kultur/2012-03/kulturinfarkt-kuenstler-replik

„Mehr als 50 namhafte Künstler von **Mario Adorf** bis **Wim Wenders** haben in einem gemeinsamen <u>Appell</u> <u>zur Verteidigung der Kultur</u> in Deutschland aufgerufen. (…)
Zu den Unterzeichnern des Appells gehören unter anderem die Schauspieler **Iris Berben**, **Senta Berger**, **Nina Hoss** und **Dagmar Manzel**, die Regisseure **Doris Dörrie**, **Andreas Dresen**, **Christian Petzold**, **Volker Schlöndorff** und **Andres Veiel**, die Komponisten **Wolfgang Rihm** und **Helmut Lachenmann** sowie die Publizisten **Tilman Spengler**, **Ingo Schulze** und **Günter Wallraff**.“

Ein Autor der ZEIT wird in seinem Artikel sogar persönlich und nennt nur den Mitautoren Knüsel als Hauptverantwortlichen.

Julian Schütt, DIE ZEIT 22.3.2012 Nr. 13, ZEIT Online 27.03.2012, DER KULTUR-POPULIST[50]

„Und es ist einmal mehr Populismus, wenn im Kulturinfarkt der Eindruck erweckt wird, als führten die Kulturproduzenten alle ein behagliches Leben auf Staatskosten. (…) Gefährlich wird es, wenn die Autoren den Künstlern einen Vorwurf machen, weil sie den Finanzkapitalismus, der sie füttert, »fleißig« zu beißen wagen, statt die Ökonomisierung der Kunst voranzutreiben. Frei heraus will der Kampfbund um Knüsel [Mitautor *Kulturinfarkt*] der Kultur zwar keinen Maulkorb umbinden, aber seine Argumentation läuft darauf hinaus. **Die Gesellschaft soll sich keine Kunst oder Literatur mehr leisten, die Kritik an ihr äußert, sie mit sperrigen, fremden, unverwertbaren, ungenehmen Erfahrungen und Erkenntnissen konfrontiert.** (…)
Ärgerlich ist vielmehr, dass die Autoren so **unbeleckt, historisch fahrlässig, fidel resigniert und rechtspopulistisch** daherschwatzen, als würden sie einen weiten Bogen um jedes Kunstereignis machen. Das ist das Problem ihres Pamphlets: **Sie reden einem Publikum nach dem Mund, das Kultur ignoriert, im Grunde gar verachtet.**“

Daraufhin antwortet Pius Knüsel in einem Kommentar am 26.03.2012, auf die gedruckte Version des ZEIT-Artikels vom 22.3.2012. Er versucht sich zu verteidigen und ist besonders über die persönlichen Angriffe in Schütts Artikel verärgert. Dabei erklärt Knüsel in einem Satz die gewollte Unprofessionalität des Buches und räumt selbst Unzulänglichkeiten ein:

„'Der Kulturinfarkt' ist kein diplomatisches Schreiben an seine Hoheit den Kritiker. Es arbeitet mit Vereinfachungen, es muss, wenn es nicht wissenschaftlich sein will, Ungenauigkeit in Kauf nehmen. Deshalb wird es rezipiert. Und diskutiert.“[51]

Andere Quellen suchen gewollt den Diskurs mit den Autoren und geben ihnen eine Plattform sich zu rechtfertigen. Hier ein frühes Beispiel:

Birgit Walter mit Stephan Opitz im Interview, Frankfurter Rundschau, 17.03.2012,
DIE HÄLFTE DER THEATER, MUSEEN UND BIBLIOTHEKEN KANN WEG[52]

„Weder in dem Spiegel-Artikel noch im Buch behaupten wir an irgendeiner Stelle, die Kulturausgaben sollten halbiert werden – im Gegenteil, wir würden gern dazu beitragen, mit den knapp 10 Milliarden Besseres zu erreichen. (…) Wir sagen deutlich, dass wir gar nicht wissen können, wie viel genau gebraucht wird. Nur, dass der Staat die gewaltig gewachsene Institutionalität nicht mehr angemessen finanzieren kann. Alle Bundesländer sind von denselben Finanzproblemen geplagt. Es gibt übelste Ausfallerscheinungen: Eine Bibliothek ohne Ankaufsetat hat den Namen nicht verdient. Ein Museum mit eingeschränkten Öffnungszeiten, Theater im Würgegriff tariflicher Personalkosten, die nur noch en suite spielen können, sind

---

50 Schütt. Die Zeit. http://www.zeit.de/2012/13/CH-Kultursubventionen
51 Knüsel. Ebenda.
52 Opitz. Frankfurter Rundschau. http://www.fr-online.de/kultur/stephan-opitz-im-interview-die-haelfte-der-theater--museen-und-bibliotheken-kann-weg,1472786,11914160.html

nicht zukunftsfähig. Wir wollen, dass die wichtigsten Institutionen so ausgestattet werden, dass sie glänzen. (…)
Es gibt jede Menge Kulturinstitutionen, die viel zu wenig zum Leben, aber immer noch zu viel zum Sterben haben, wo es unverantwortlich ist, dass sich Politik nicht engagiert und erklärt, was sie will. Nirgendwo steht geschrieben, dass eine kulturelle Institution Ewigkeitswert hat. Wo es keine Bürger mehr gibt, schließen auch Schulen und Kirchen. (…) **Wir behaupten nicht, praktikable Rezepte zu haben. Wir regen an, wollen eine Debatte, weg vom Staat, hin zum selbstbewussten Bürger.**"

In einem anderen Interview geht die Verteidigung weiter. Sie bezieht sich wieder auf die vermutlich missverstandene Aussage der Halbierung des Kulturetats:

Gespräch mit Ulrike Timm und Stephan Opitz, Deutschlandradio Kultur, dradio.de, 12.03.2012, „BAUT DEN APPARAT UM!"[53]

„**Timm:** Wollen Sie wirklich den Kahlschlag für ein System, um das uns die halbe Welt glühend beneidet? **Opitz:** Nein, das wollen wir nicht. Wir wollen möglicherweise einen Umbau oder wir schlagen vor, dass man über einen Umbau reden müsste. (…) Außerdem nochmals: Die Autoren, alle vier, behaupten in dem Buch und auch in dem Artikel nicht, dass man die Summe - also diese knapp zehn Milliarden - einzusparen hätte. Sie sagen, baut den Apparat um! Er ist an seine Grenzen gelangt, er ist erstarrt, er sorgt nicht für die berühmte Innovation."

Eine leichte Kritik-Wende zeigt sich in der ZEIT. Einerseits fasst der Autor hier die wesentlichen Kritikpunkte zusammen, stellt dann aber ebenso eine Chance für die Kulturpolitik heraus.

Thomas E. Schmidt, DIE ZEIT 22.3.2012 Nr. 13, ZEIT Online 23.03.2012, SCHLUSS MIT DEM THEATER[54]

„Eine Streitschrift aus vier Federn kann kein gutes Buch sein. Die Temperamente lassen sich nicht ganz vereinheitlichen, und so hat das Werk seine **argumentativen Widersprüche und Ungleichgewichte**. Seine fundamentale Schwäche rührt allerdings daher, dass die Autoren gar **keine Organisationsanalyse** betreiben, sondern die Dringlichkeit ihres Reformprogrammes aus einer Beschreibung der Kultur herleiten, die nicht anders als **kulturkritisch** oder **kulturpessimistisch** zu bezeichnen ist. (…)
Das Beste an diesem Buch ist, dass es Ingrimm, also auch einen **gewissen Ernst in die Auseinandersetzung** zurückträgt. Man kann seine Provokation nicht länger mit der alten Fensterreden-Kulturemphase zurückweisen, nicht einmal von Berlin aus. **Der wirkliche Streit um das öffentliche Gut Kultur hat noch gar nicht begonnen.** Die Parteien sind keineswegs versessen darauf, ihn zu führen, denn Wahlversprechen kommen darin nicht vor. So steht die Kulturpolitik heute wieder ganz am Anfang."

Umso deutlicher werden die Autoren in der taz. die tageszeitung. Hier zwei Beispiele:

Birgit Mandel, Kommentar, 21.03.2012, taz. die tageszeitung, FRAGEN MUSS ERLAUBT SEIN[55]

„Aktuell gehören gerade mal fünf bis zehn Prozent der Bevölkerung zu den regelmäßigen Nutzern der öffentlich geförderten Kulturangebote. Darum muss es erlaubt sein, zu fragen, warum eigentlich eine Opernkarte mit mindestens 150 Euro subventioniert wird, während der Fan populärer Musik seine teure Eintrittskarte ohne staatlichen Zuschuss selbst bezahlen muss.
Zwei große Probleme gibt es im derzeitigen Kulturfördersystem in Deutschland. Erstens: Es liegt ihm ein normativer Kulturbegriff zugrunde, der bestimmte Kulturformen für wertvoll und förderungswürdig erklärt und andere für nicht-förderungswürdige Unterhaltung, die man dem freien Markt überlassen müsse. (…) Damit wären wir schon inmitten einer Diskussion darüber, was wir von Kunst und Kultur für unsere Gesellschaft wollen. **Diese Debatte wird nun hoffentlich durch die etwas zugespitzte Prophezeiung eines „Kulturinfarktes" angestoßen** und auch von breiteren Bevölkerungsgruppen geführt und nicht nur von

---

53 Opitz. Deutschlandradio Kultur. http://www.dradio.de/dkultur/sendungen/thema/1701296/
54 Schmidt. Die Zeit. http://www.zeit.de/2012/13/L-Kulturpolitik/komplettansicht
55 Mandel. taz. die tageszeitung. http://www.taz.de/!90103/

einer kleinen Kulturlobby, die Angst hat, Besitzstände zu verlieren.

Susanne Messmer, Kommentar, taz. die tageszeitung, 05.04.2012,
VERBLASENES GETÖSE IN DEN UFERHALLEN[56]
„Wedding. (...) **Günter Jeschonnek**, der aus seinem 2010 erschienenen 'Report Darstellende Künste' zitierte und anschaulich belegte, was jeder, der sich in der Kultur tummelt, stets zu verdrängen versucht: **90 Prozent aller Kulturschaffenden können nicht von dem leben, was sie tun**. Besonders die Situation der 'Pendler', die nur zeitweise für größere Kulturinstitutionen arbeiten, dafür aber nicht wie die Freien durch die Künstlersozialkasse abgesichert sind, sei prekär. Sie leben von 9.000 bis 11.000 Euro im Jahr."

Zuletzt ein etwas langer – aber wie ich finde – wichtiger Artikel, der einige Missverständnisse aufzudecken versucht und den Autoren gegenüber Verständnis einräumt. Der Autor sieht vor allem aber die bestehende Debatte als längst überfällig. Er scheint auch einer der wenigen zu sein, die sich strenger mit dem Buch *Kulturinfarkt* auseinandergesetzt haben.

Bernd Wagner, taz. die tageszeitung, 27.03.2012, IM SCHATTEN DER POLEMIK[57]
„NUR THEATER? Eine ehrliche Debatte über die Kulturpolitik ist nötiger denn je. Provokationen helfen dabei so wenig wie die Verteidigung des Status quo. (...)
[Der *Kulturinfarkt*] ist zum Gegenstand breiter Empörung geworden. Die Kritik konzentriert sich dabei von Anfang an vor allem auf eine Frage der Autoren: 'Was wäre, wenn die Hälfte der Theater und Museen verschwände, einige Archive zusammengelegt und Konzertbühnen privatisiert würden?' Manche haben den 'Kulturinfarkt'-Verfasser sogar unterstellt, diese würden vorschlagen, die Hälfte der staatlichen Kulturausgaben zu streichen. **Was einfach nicht stimmt**: Ausdrücklich ist die Rede davon, die durch Reduzierung frei werdenden Mittel für die verbleibenden Kultureinrichtungen und andere Projekte zu nutzen. Doch **die Mär von der Halbierung der Mittel** für die Kultur fand, einmal in die Welt gesetzt, in Windeseile Verbreitung, wurde von Kulturverbänden und Feuilletons aufgegriffen - vielen Kritikern war anscheinend die Lektüre von ein paar Spiegel-Seiten schon zu viel, von der Kenntnisnahme des kompletten Buchs ganz zu schweigen.
Dabei wären sie auf eine Reihe von Überlegungen gestoßen, die man nicht teilen muss - die aber diskutierenswert sind. Mehr noch: **Sie müssen diskutiert werden**, wenn wir auch in Zukunft noch über eine kulturelle Infrastruktur verfügen wollen, die eine vielfältige Produktion und Rezeption von Kunst für alle, die daran teilhaben wollen, ermöglicht.

Trotzdem muss man eines konstatieren: **Die vier Autoren haben zu gewichtigen Teilen recht mit ihrer Kritik.** Beim Ausbau der Kulturinfrastruktur und in der kulturpolitischen Praxis der vergangenen Jahrzehnte fand viel zu selten eine Verständigung darüber statt, 'welche öffentlichen Ziele mit welchen Mitteln erreicht werden können'. Die Diskussion darüber, 'was öffentliche Kulturförderung bewirken soll und wie diese nachhaltig bewerkstelligt werden könnte', wurde kaum geführt. Und richtig ist auch, dass das 'System der Kulturförderung neu auszurichten ist', weil die vorhandenen institutionellen Strukturen 'einen zu großen Teil der öffentlichen Mittel absorbieren'. (...)
Wir müssen ohne selbst auferlegte Tabus auch über die Frage des 'Rückbaus' kultureller Infrastruktur reden - das Thema rückt wegen der ungleichen demografischen Entwicklung in Deutschland auf die Tagesordnung. Hinzu kommen die Auswirkungen veränderter kultureller Präferenzen, der Digitalisierung und Globalisierung von Kultur.
Auch eine ehrliche Diskussion über die Prioritäten von Kulturpolitik, über das die Kunst betreffende Verhältnis von Staat, Markt und Gesellschaft, über die finanzielle Förderung und den sich darin ausdrückenden Stellenwert von Kultur ist nötiger denn je. Haselbach, Knüsel, Klein und Opitz hätten dafür wichtige Denkanstöße liefern können.

---

56 Messmer. taz. die tageszeitung. http://www.taz.de/1/archiv/digitaz/artikel/?ressort=ba&dig=2012%2F04%2F05%2Fa0177&cHash=e8cd7b96d5/

57 Wagner. taz. die tageszeitung. http://www.taz.de/1/archiv/digitaz/artikel/?ressort=me&dig=2012%2F03%2F27%2Fa0060&cHash =c2c3f448f3/

7.   Meine persönliche Einschätzung und Fazit

Der Duden versteht unter einer Polemik Folgendes:

Ein *„scharfer, oft persönlicher Angriff ohne sachliche Argumente [im Rahmen einer Auseinandersetzung] im Bereich der Literatur, Kunst, Religion, Philosophie, Politik o. Ä. "*[58]

Auf Rhetorik-Netz.de fand ich eine weitere treffende Beschreibung:

*„**Polemik** ist ursprünglich Streitkunst, ein wissenschaftlicher Streit, eine gelehrte Fehde (gr. polemos = Krieg). In der Theologie bedeutet Polemik die Bekämpfung dogmatischer Anschauungen anderer christlicher Konfessionen. Polemisieren heißt: eine Ansicht bekämpfen. Polemik beharrt immer auf Dogmen, Ansichten, Glauben, nicht auf Wissenschaft. **Polemik sucht weniger den Konsens sondern will fundamentalistisch niederkämpfen.** Polemik ist demzufolge keine unfaire Rhetorik, sie überspitzt aber streithaft und beharrt unversöhnlich auf der eigenen Meinung. "*[59]

Mit diesem Wissen, könnte man das Buch *Kulturinfarkt* durchaus anders interpretieren, als es viele seiner Kritiker gemacht haben. Das es eine Polemik zur Kulturpolitik sein soll, wird aber erst auf den zweiten Blick sichtbar. Versteckt im Unteruntertitel auf einer der ersten Seiten. Die Frage ist, ob dieser Zusatz nicht nachträglich zur Rechtfertigung des nahezu arroganten und überheblichen Stils hinzugefügt wurde.

Etliche provokante Aussagen, die durchaus interessante Aspekte aufwerfen, werden weder näher erklärt noch scheinen sie vom Autor reflektiert worden zu sein.

Mit Übertreibungen und haltlosen Anschuldigungen[60] regen sie den Leser unnötig auf, der sich alleingelassen fühlt mit den halben Informationen, zu denen es keine Nachweise, Hinweise, Belege oder Literaturnachweise gibt. Es werden auch statistische Fakten genannt, deren Herkunft unklar bleibt.

Ein anderer Aspekt ist, dass die Texte der vier Autoren sich nicht erkennen oder unterscheiden lassen. Wer welchen Absatz mit welchem Bildungshintergrund verfasst hat, bleibt im Unklaren. Zu erwähnen sei auch die nicht konstante Verwendung der Hauptbegriffe Kultur und Kunst. Die Autoren scheinen sich hier in einigen Bereichen unsicher zu sein.

Wie schon erwähnt, finden sehr interessante Themen ihre Erwähnung. Jedoch scheint jede Schlussfolgerung vereinfacht oder stark konstruiert, was am Ende dazu führt, dass ein Großteil der

---

58 Duden. http://www.duden.de/rechtschreibung/Polemik
59 Rhetorik-Netz. http://www.rhetorik-netz.de/rhetorik/polemik.htm
60 Vgl. Kulturinfarkt. S. 40. Die Behauptung über die Ethnologie, die ein in dem Fachbereich bekanntes Vorurteil aufgreift.

aus dem Buch gewonnenen Informationen vom Leser nicht verwendet werden oder rezipiert werden kann und sollte.

Das eigentliche Problem des Buchs *Kulturinfarkt* sind nicht die provokanten Aussagen und die gewagten Thesen, sondern schlichtweg der Ton, in dem es geschrieben wurde. Klar, eine Polemik sollte frech und erfrischend sein, doch im Falle des *Kulturinfarkts* wirkt sie bösartig und angreifend. Kein Wunder, dass sich ein Verriss der Thesen – wie etwa die
Erneuerung der Kulturpolitik um sie zu retten (!) – sich durch die Medien zieht. Was wollten die Autoren damit bewirken? Wen wollten sie beeindrucken? Es ist offensichtlich, dass sie alle Seiten, seien es die Kulturinstitution oder die Kulturpolitik, angreifen und kritisieren, da ist es nicht verwunderlich, dass auch alle Seiten zurückfeuern. Wo aber wollen die Autoren ihre Befürworter dann finden? Diese Frage bleibt für mich offen.

Literaturangaben

Primärliteratur

Haselbach, Dieter / Klein, Armin / Opitz, Stephan / Pius, Knüsel: *Der Kulturinfarkt. Von Allem zu viel und überall das Gleiche. Eine Polemik über Kulturpolitik, Kulturstaat, Kultursubvention.* München 2012.

Klein, Armin: *Taten.Drang.Kultur. Kulturmanagement in Deutschland 1990 – 2030.* Wiesbaden 2011.

Sekundärliteratur

Adorno, Theodor W.: *Gesellschaftstheorie und Kulturkritik.* Berlin 1975.

Bourdieu, Pierre; Haacke Hans: *Freier Austausch. Für die Unabhängigkeit der Phantasie und des Denkens.* Frankfurt a. M. 1994.

Hoffmann, Hilmar: *Kultur für alle – Perspektiven und Modelle.* Frankfurt 1984.

Klein, Armin: *Der exzellente Kulturbetrieb.* Wiesbaden 2011.

Schneider, Wolfgang (Hrsg.): *Kulturelle Bildung braucht Kulturpolitik. Hilmar Hoffmanns „Kultur für alle" reloaded.* Hildesheim 2010.

Zuckermann, Moshe: *Kunst und Publikum. Das Kunstwerk im Zeitalter seiner gesellschaftlichen Hintergehbarkeit.* Göttingen 2002.

Quellennachweise (letzter Zugriff 05.08.2012)

Christian-Albrechts-Universität Kiel. FB: Neue Deutsche Literatur und Medien. Personal: Prof. Dr. Stephan Opitz. http://www.ndl-medien.uni-kiel.de/personal/professoren/stephan_opitz

Decker, Kerstin, Kommentar, taz. tageszeitung, 21.03.2012, HANDARBEIT, LIEB UND TEUER. http://www.taz.de/!90038/

Deutscher Kulturrat. Suche Stichwort: Kulturinfarkt. http://www.kulturrat.de/suche.php

    22.03.2012. http://www.kulturrat.de/detail.php?detail=2263&rubrik=2
    11.05.2012. http://www.kulturrat.de/detail.php?detail=2296&rubrik=2
    13.06.2012. http://www.kulturrat.de/detail.php?detail=2320&rubrik=2

Deutscher Musikrat, Pressemitteilung, 13.03.2012, FOR SALE: DROHT DEM KULTURLAND DEUTSCHLAND DER WINTERSCHLUSSVERKAUF?!. http://www.musikrat.de/globals/neuigkeiten-detailseite/article/for-sale-droht-dem-kulturland-deutschland-der-winterschlussverkauf.html dpa. Zeit Online, 02.04.2012, PROMINENTE KÜNSTLER VERTEIDIGEN KULTURFÖRDERUNG. http://www.zeit.de/kultur/2012-03/kulturinfarkt-kuenstler-replik

Duden.de: http://www.duden.de/rechtschreibung/Polemik

Knüsel, Pius, Kommentar, Zeit Online, 26.03.2012, DER KULTUR-POPULIST. http://www.zeit.de/2012/13/CH-Kultursubventionen

Mandel, Birgit, taz. die tageszeitung, 21.03.2012, FRAGEN MUSS ERLAUBT SEIN. http://www.taz.de/!90103/

Messmer, Susanne, taz. die tageszeitung, 05.04.2012, VERBLASENES GETÖSE IN DEN UFERHALLEN. http://www.taz.de/1/archiv/digitaz/artikel/?ressort=ba&dig=2012%2F04%2F05% 2Fa0177&cHash=e8cd7b96d5/

Opitz, Stephan / Timm, Ulrike, Gespräch, dradio.de, Deutschlandradio Kultur, 12.03.2012, „BAUT DEN APPARAT UM!". http://www.dradio.de/dkultur/sendungen/thema/1701296/

Opitz, Stephan / Walter, Birgit, Interview, Frankfurter Rundschau, 17.03.2012, DIE HÄLFTE DER THEATER, MUSEEN UND BIBLIOTHEKEN KANN WEG. http://www.fr-online.de /kultur/stephan-opitz-im-interview-die-haelfte-der-theater--museen-und-bibliotheken-kann-weg,1472786,11914160.html

Reese, Oliver, Frankfurter Rundschau, 21.03.2012, „DER KULTURINFARKT": KRUDE MISCHUNG, OBSZÖNE IDEEN. http://www.fr-online.de/kultur/buchrezension---der-kulturinfarkt ---krude-mischung--obszoene-ideen,1472786,11938556.html

Rhetorik-Netz.de: http://www.rhetorik-netz.de/rhetorik/polemik.htm

Schmidt, Thomas E., 23.03.2012, DIE ZEIT, 22.3.2012 Nr. 13, SCHLUSS MIT DEM THEATER. http://www.zeit.de/2012/13/L-Kulturpolitik/komplettansicht

Schmitz, André, Der Spiegel 12/2012, Kultur, 19.03.2012, SCHLECHTE PATRIOTEN. http://www.spiegel.de/spiegel/print/d-84430228.html

Schütt, Julian, 27.03.2012, DIE ZEIT, 22.3.2012 Nr. 13, Zeit Online, DER KULTUR-POPULIST. http://www.zeit.de/2012/13/CH-Kultursubventionen

Süddeutsche Zeitung. http://www.sueddeutsche.de/thema/Kulturinfarkt

Wagner, Bernd, taz. die tageszeitung, 27.03.2012, IM SCHATTEN DER POLEMIK. http://www.taz.de/1/archiv/digitaz/artikel/?ressort=me&dig=2012%2F03%2F27%2Fa0060&cHash =c2c3f448f3/

Welt Online, Die Welt kompakt, 14.03.12, DROHT UNS DER KULTURINFARKT?. http://www.welt.de/print/welt_kompakt/kultur/article13920761/Droht-uns-der-Kulturinfarkt.html